Zuerst wollte ich dir

BLUMEN

schenken …

D1937436

Jens Dobbers

Zuerst wollte ich dir BLUMEN schenken ...

arsEdition

Zuerst wollte ich dir Blumen schenken.

Aber das war irgendwie zu simpel.
Vielleicht lieber ein Buch?

Aber welches?

Manche waren sehr unterhaltsam,

hatten dann aber wenig Substanz.

Andere waren gehaltvoller.

Schließlich fand ich ein sehr praktisches Buch,
konnte mich aber nicht davon trennen.

Ein originelles Geschenk musste her.

Aber das war irgendwie unpraktisch.

Dann vielleicht doch etwas Handlicheres?

Aber das verliert man ja so leicht.

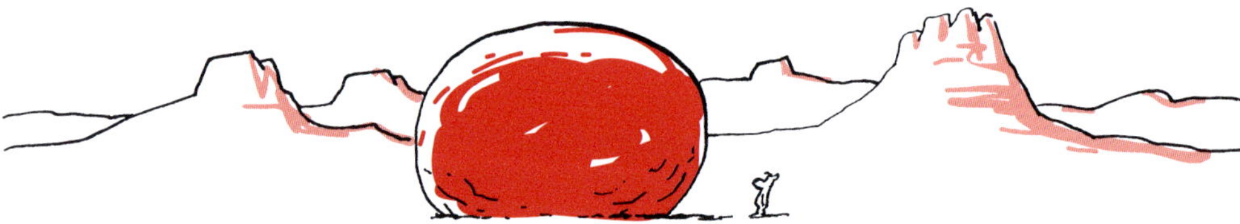

Lieber etwas Größeres. Das macht auch mehr her.

Das war allerdings nicht ganz so leicht, wie ich dachte.

Also suchte ich etwas Leichteres.

Das war komisch.

Sogar sehr komisch.

Aber nicht lange.

Ich fand etwas Ungefährliches, Heiteres, Harmloses

und nahm es mit.

Aber das war sehr empfindlich.
Also blieb wenig davon übrig.

Wie traurig.

Nein! Es sollte ein lustiges Geschenk sein!

Aber nicht zu abgehoben.

Plötzlich überkam mich ein Verdacht. Konnte es sein, dass ich dein Geschenk am falschen Ort suchte?

Ich kam einfach nicht von der Stelle ...

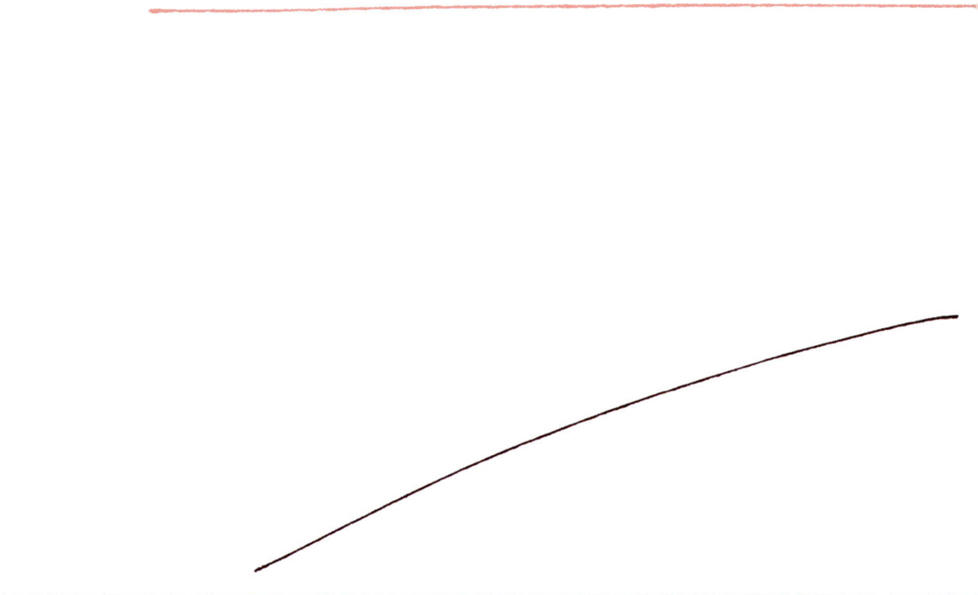

doch das änderte sich bald!

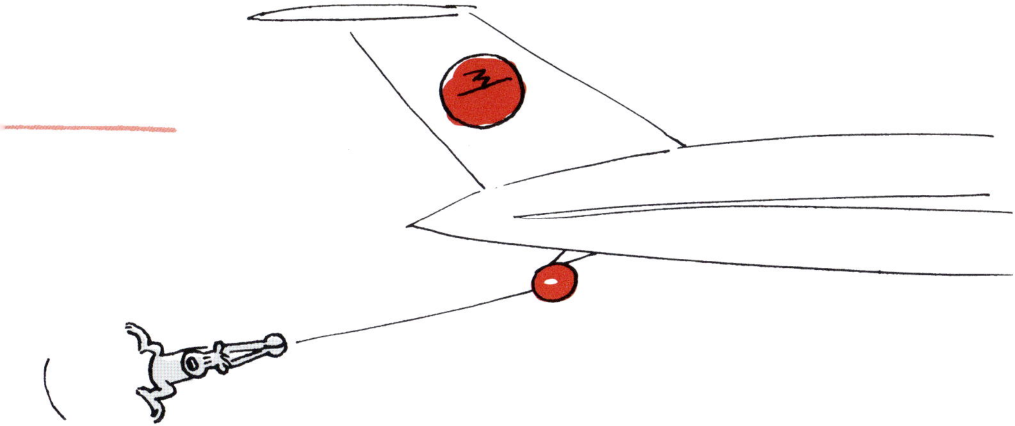

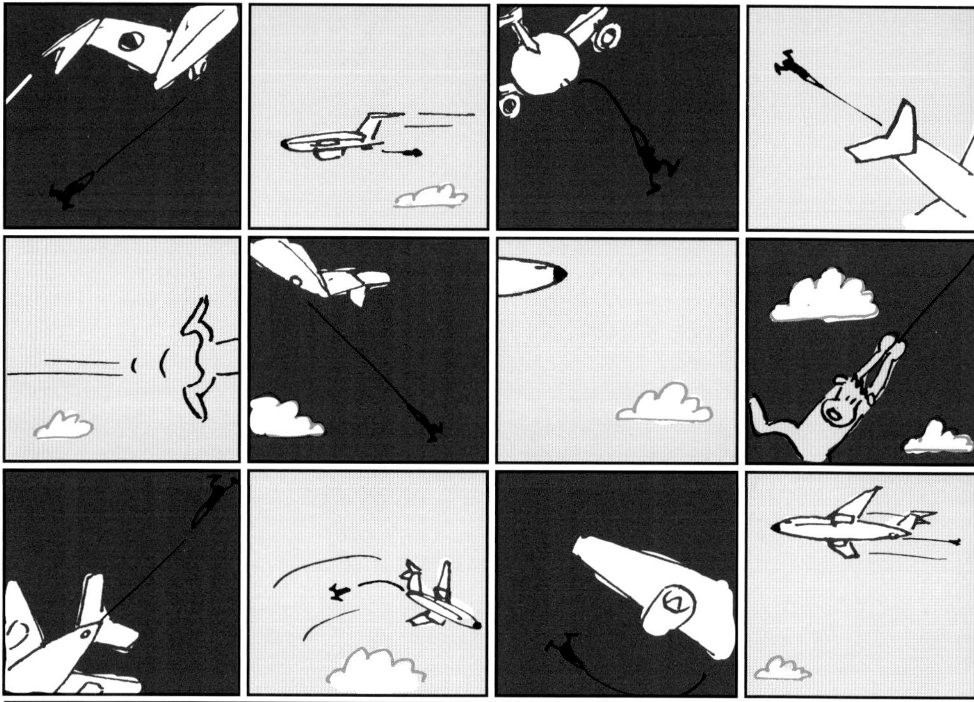

Ich hatte mich so bemüht, überall zu suchen.
Ich war bald hier, bald dort gewesen, fand aber nichts.

Ich beschloss,
nicht länger an alten Vorstellungen festzuhalten.

Man muss auch mal loslassen können
und sich auf Neues einlassen.

Dann findet man manchmal ganz tolle Sachen.

Aber die wollen nicht immer.

Und dann wollte ich auch nicht mehr.

Schließlich hatte ich es satt.
Ich war überall gewesen, durch dick und dünn gegangen
und was hatte ich schließlich gefunden?

... ach, mein Herz.